To my *lovei*, ░░░░░░

....

from

....

10 9 8 7 6 5 4 3 2 1

Published in 2011 by Ebury Press, an imprint of Ebury Publishing
A Random House Group Company

Text © Ged Backland 2011
Illustrations © The Backland Studio 2011

The Random House Group Limited Reg. No. 954009

A CIP catalogue record for this book is available from the British Library.

Printed and bound by Tien Wah Press, Singapore

ISBN: 9780091938260

www.sugalumps.com

THE BACKLAND STUDIO
www.thebacklandstudio.com

You're a

LOVELY

SISTER

because...

The *memories* we've made together will make me

smile

for EVER and EVER

← You – the life and soul of the party!

6

There's **no one** as FUN as

YOU

at a family *party*

As my **SISTER**
you **deserve** the
Best of everything

(Which is **why**
you've got me!)

You pull the **Best**

funny faces

EVER!

Tee-hee-hee!

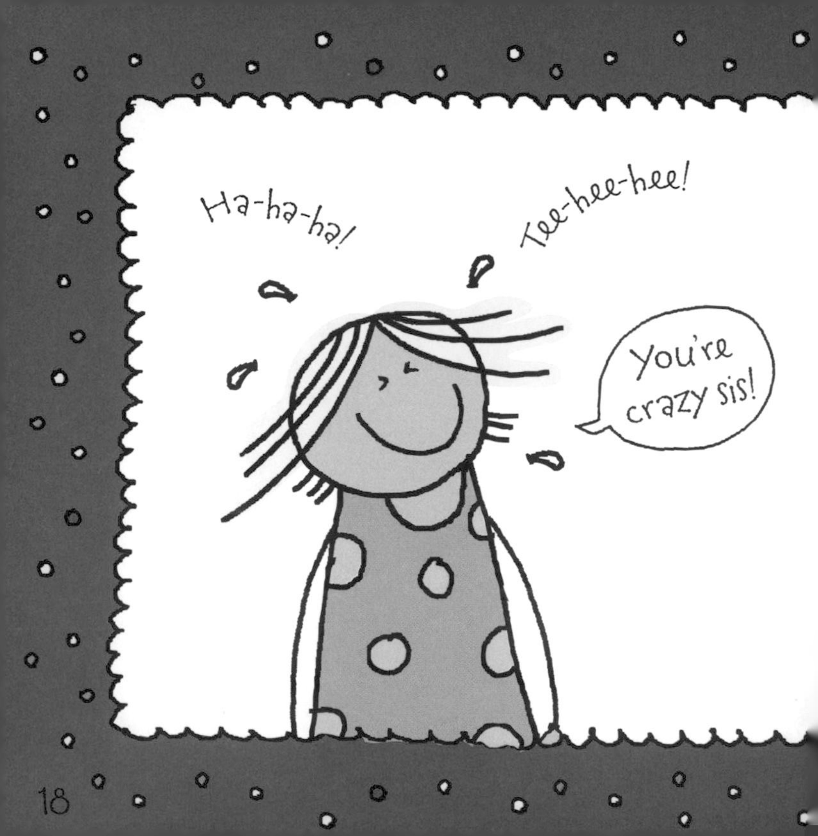
Ha-ha-ha!
Tee-hee-hee!
You're crazy sis!

No one can have me in fits of **giggles**

....quite *like* you

YOU know just
what to say
to make **my world**...

...all **smiley** again

20

NOBODY knows fashion quite like my SISTER

"She's so cool!"

23

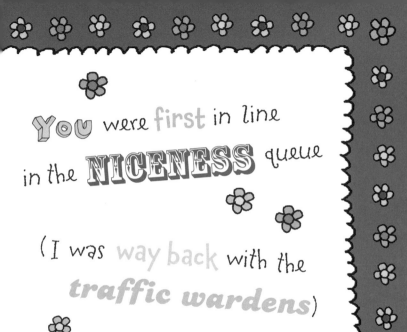

You were first in line
in the **NICENESS** queue

(I was way back with the
traffic wardens)

Get **ready** for this...

For **every** fight or falling out

we've ever had –

I'm **SORRY**

(it's **still** your fault)

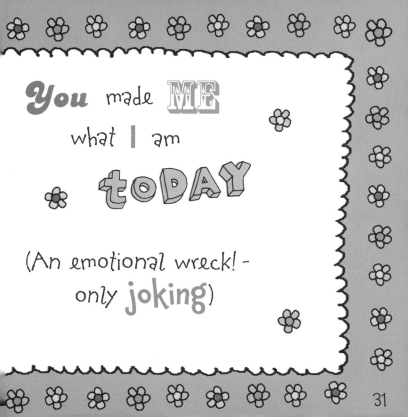

You made ME
what I am
toDAY

(An emotional wreck! -
only joking)

You
made holidays

SPECIAL

all those **years** ago

Only **you** and I
remember the
SILLY dance routines
we did as **KIDS**

You've **put up**
with some of **MY**

WEIRDO boyfriends

and **not** interfered

I'm **honoured** to call You
my *friend*

and **lucky** to be able to call
You whenever
I need a FAVOUR!

If **YOU** were a **super hero** ...you'd be

SUPER DUPER SIS

and have magic powers and a wardrobe **full** of clothes and shoes that fit me!

42

43

44

 are

and **always** will be

The Really Really
special kind

When they made **you**
they **BROKE**
all the rules

(And sent the **rule maker**
to prison!!)

- ONLY JOKING !

It was, it is
and
it **always** will be -

(See how good you are at
taking the blame)

Our **family** tree is
full of **NUTS**

and

YOU

are **one** of them!

50

51

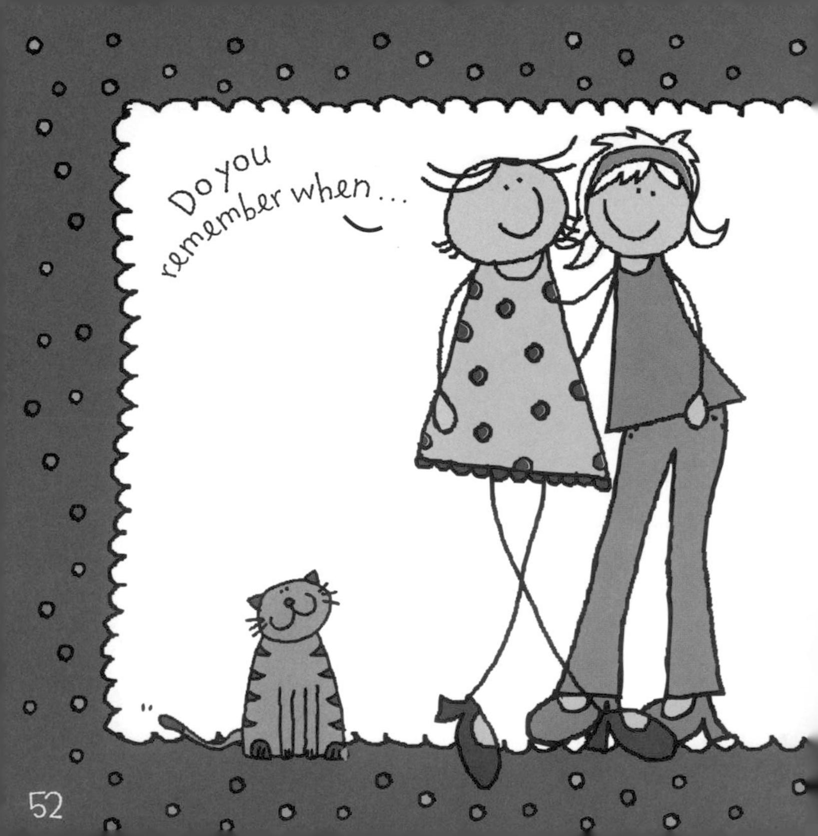
Do you remember when...

Together
we've **been** there,
seen it, **done** it,
and **lent**
each other the

You seem to **know**
when I *need* a

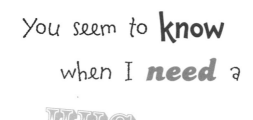

or a

Nevermind **Girl Power** - we've got

'SISTER POWER'

which is more powerful than a *very very* powerful thing

from POWERFUL LAND

But **most** of all
you're a LOVELY
sister because...

...I've never told you this,
but when **you're** not there
I *miss* you LOADS

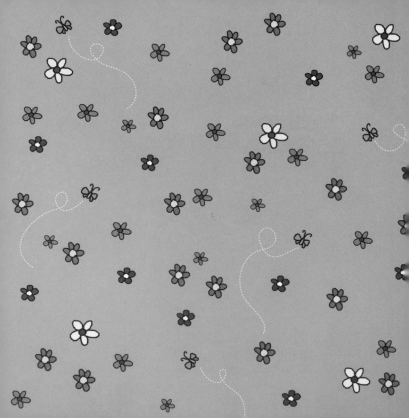